Marginales

Nuevos textos sagrados

Colección dirigida por
Antoni Marí

José Emilio Pacheco

LA EDAD DE LAS TINIEBLAS

[POEMAS 2009]

Diseño de la colección: Clotet-Tusquets
Ilustración de portada: © Alicia Sandoval
Fotografía del autor: © Rogelio Cuéllar Ramírez
Colección: Marginales
Serie: Nuevos textos sagrados

Bajo el sello editorial TUSQUETS M.R.
Avenida Presidente Masarik núm. 111,
Piso 2, Polanco V Sección, Miguel Hidalgo
C.P. 11560, Ciudad de México
www.planetadelibros.com.mx

Primera edición impresa en México: junio de 2025
ISBN: 978-607-39-2918-9

Impreso en los talleres de Impregráfica Digital, S.A. de C.V.
Av. Coyoacán 100-D, Valle Norte, Benito Juárez
Ciudad de México, C.P.03103
Impreso en México - *Printed in Mexico*

El objeto más bello y más limpio de este mundo es el jabón oval que sólo huele a sí mismo. Trozo de nieve tibia o marfil inocente, el jabón resulta lo servicial por excelencia. Dan ganas de conservarlo ileso, halago para la vista, ofrenda para el tacto y el olfato. Duele que su destino sea mezclarse con toda la sordidez del planeta.

En un instante celebrará sus nupcias con el agua, esencia de todo. Sin ella el jabón no sería nada, no justificaría su indispensable existencia. La nobleza de su vínculo no impide que sea destructivo para los dos.

Inocencia y pureza van a sacrificarse en el altar de la inmundicia. Al tocar la suciedad del planeta ambos, para absolvernos, dejarán su condición de lirio y origen para ser habitantes de las alcantarillas y lodo de la cloaca.

También el jabón por servir se acaba y se acaba sirviendo. Cumplido su deber será laja viscosa, plasta informe contraria a la perfección que ahora tengo en la mano.

Medios lustrales para borrar la pesadumbre de ser y las corrupciones de estar vivos, agua y jabón al redimirnos de la noche nos bautizan de nuevo cada mañana. Sin su alianza sagrada, no tardaríamos en descender a nuestro infierno de bestias repugnantes. Lo sabemos, preferimos ignorarlo y no darle las gracias.

Nacemos sucios, terminaremos como trozos de abyecta podredumbre. El jabón mantiene a raya las señales de nuestra asquerosidad primigenia, desvanece la barbarie del cuerpo, nos permite salir una y otra vez de las tinieblas y el pantano.

Parte indispensable de la vida, el jabón no puede estar exento de la sordidez común a lo que vive. Tampoco le fue dado el no ser cómplice del crimen universal que nos ha permitido estar un día más sobre la Tierra.

Mientras me afeito y escucho un concierto de cámara, me niego a recordar que tanta belleza sobrenatural, la música vuelta espuma del aire, no sería posible sin los árboles destruidos (los instrumentos musicales), el marfil de los elefantes (el teclado del piano), las tripas de los gatos (las cuerdas).

Del mismo modo, no importan las esencias vegetales, las sustancias químicas ni los perfumes añadidos: la materia prima del jabón impoluto es la grasa de los mataderos. Lo más bello y lo más pulcro no existirían si no estuvieran basados en lo más sucio y en lo más horrible. Así es y será siempre por desgracia.

Jabón también el olvido que limpia del vivir y su exceso. Jabón la memoria que depura cuanto inventa como recuerdo. Jabón la palabra escrita. Poesía impía, prosa sarnosa. Lo más radiante encuentra su origen en lo más oscuro. Jabón la lengua española que lava en el poema las heridas del ser, las manchas del desamparo y el fracaso.

Contra el crimen universal no puedo hacer nada. Aspiro el aroma a nuevo del jabón. El agua permitirá que se deslice sobre la piel y nos devuelva una inocencia imaginaria.

PARAQUET

Tengo en su jaula de oro un nuevo pájaro. Negro y azul, vivaz y melancólico, es una cruza entre el parakeet (*Melopsitacua undulatus*), llamado en México Periquito de Australia, y la cuerva *(Corvus corax)* a la que Gabriel Zaid escuchó graznar «paraké, paraké».

Es lo único que dice nuestro pájaro. Por eso lo bautizamos Paraquet (nombre científico: *Interrogator jam priden*). Como el ave agorera llevada a Moctezuma al borde de su ruina, el Paraquet tiene un espejo por cabeza.

Al verse reflejados en él y escuchar su única palabra, su breve lección socrática de filosofía, los más se desalientan y derrumban. Sólo unos cuantos buscan y por fin encuentran el paraqué de todo este embrollo y nos redimen al salvarse.

ELLA

Hablas y al volverte la encuentras desafiante. Haces y antes de consumar tus actos y tus obras, Ella te sale al paso y te afrenta. Huyes y te sorprende en el camino. Llegas y ves que te esperaba en la Terminal. Guardas silencio, te quedas inmóvil, no te atreves a alzar los ojos. Entonces Ella se acerca y dice: «Es inútil».

No se equivoca la inmortal, la insaciable, la imbatible. Contra Ella nada logran ni el mayor poder ni la belleza perfecta ni la más aguda inteligencia. No la vence el terror, no la desalienta la autocrítica, no la derrota el ingenio ni la desarma la humildad.

Sagrada Objeción, no se puede contigo. Reinas en este mundo y los otros. Omnipresente y todopoderosa, no dejas columna en pie ni estatua con cabeza. Nadie jamás detendrá tu victoria.

ÁMBAR

Este trocito de madera petrificada por la sal guarda el Mediterráneo en que navegó 1983. Estas piedras son Bolivia y encierran toda su historia. Este casquillo desenterrado en el Tiergarten de 1990, cuando acababan de echar abajo el muro, es Berlín y es 1945. En cambio este ámbar prehistórico no sé de dónde viene, quién me lo dio, qué significa, en cuál lugar pude haberlo obtenido.

Como un ácido la desmemoria socava las reliquias. Su corrosión lo desordena todo y nos obliga a pensar: la vida está hecha para ser y desvanecerse, no para atestarla de *souvenirs*. Hacerlo peca contra la fugacidad, niega la naturaleza indestructible del cambio.

La existencia no sería tal si no pasara. Déjala ir, permítele acabarse, no intentes retenerla. Si guardas algo es como si quisieras frenar la inmensa ola. De nada sirve oponer a su estallido la palma suplicante de la mano.

ALGAS

El mundo estaba lleno de algas. De las algas salió el oxígeno y del oxígeno salimos todos. Fuimos durante millones de años bacteria, protozoario, pez, reptil, ave, mono y quién sabe cuántos otros animales. Un día nos erguimos en dos patas y al cabo de nadie sabe cuántos siglos inscribimos el primer texto en un libro de piedra.

La escritura nos hizo humanos. También nos permitió tiranizar al resto de la naturaleza con los resultados que estamos padeciendo. De todos modos el libro de piedra quedó allí con sus signos milenarios.

Hoy ya no existe lo que duró un tiempo sin edad ni memoria. Una bomba lo deshizo en segundos. Ya hemos comenzado el retorno a las algas.

Diciembre de 1950 en Buenos Aires. Reina el verano en el hemisferio austral. El calor llena de fuego y luz las horas. La evaporación del río que ya es casi mar humedece la gran ciudad como una esponja.

Un niño juega a solas con una esfera de cristal. En su interior nieva sobre un paisaje del norte: una cabaña de troncos a la orilla de un lago. Al mismo tiempo en Toronto que se hunde entre la nieve otro niño observa su propia esfera. Bajo el cristal diluvia arena.

Dice: perdido en el desierto, resisto el simún bajo un cielo de cal en un espacio sin agua. La arena está nevando sobre mi cuerpo. En la circunferencia líquida tengo sed. Bajo las tinieblas ardientes busco el lugar en donde nace el frío. Veo espejismos. Llego a un oasis y en vez de manantiales y palmeras encuentro abetos, un lago congelado y una cabaña.

Estoy, añade, en una bola de cristal llamada Tierra. Su circunferencia es mi límite. En ella deberíamos caber todos porque nos hace iguales el ser distintos. Mientras tanto, aunque la Cruz del Sur y la Estrella Polar no brillarán jamás en el mismo cielo, acepto que tu verano sea mi invierno y mi invierno resulte tu verano.

Soy uno más, otro habitante infinitesimal de un grano de arena perdido entre millones de galaxias. Qué extraño estar aquí y no en otra parte, hoy y no en 1204 o en 1827. Qué misterio ser yo y no tú, o tú y no yo. Enigma tan grande lo que sucederá mañana como lo que se oculta en la infinitud de nuestros pasados.

Jamás sabré el propósito de todo esto ni quién decidió que naciera aquí y no en la familia real de Nueva Zembla o en la casta más oprimida de la India. No puedo indagar las causas que determinaron este día entre los días, ni cuál porvenir saldrá de este hoy sin tomar en cuenta nuestra esperanza. En este instante aquel futuro ya urde a mi espalda su madeja impredecible e indescifrable.

Otro Moisés ordena a un nuevo Aarón golpear la tierra con su cayado. El polvo se transforma en mosquitos y desencadena contra nosotros la tercera plaga de Egipto. Tienen fama de ser el sueño del estratega. Forman un ejército imparable porque todos sus guerreros juzgan que morir en combate es su misión, su orgullo y su recompensa. Por cada baja un millón de nuevos soldados se incorporan a la ofensiva.

El zumbido del atacante inspiró el grito con que algunos animales aterrorizan al enemigo. Hitler se basó en él para fraguar la sirena de sus Stukas. El Führer quedó pulverizado, los mosquitos siguen invictos.

Nadie sabe cuántos milenios llevamos en esta guerra sin esperanza de victoria. No sirven los intentos de exterminarlos. No aceptan tregua ni armisticio. Quieren nuestra sangre para multiplicarse sin sosiego.

Contemporáneos, sí, pero sólo nos encontramos una tarde en plena juventud de los dos. Sólo una tarde bajo el mar del tiempo, ante sus cuadros en que estallaban el don de la pintura y el espíritu de una época hoy ya borrada. Gran amistad, profunda camaradería de unas horas. Acordes porque todo estaba por delante y eran para nosotros el porvenir y el arte.

Nos llevamos tan bien que sin decirlo preferimos no volver a vernos. Ella continúa, yo prosigo. Nos dejamos de ver a los veinte años, no nos reconoceríamos ahora. Seremos para siempre los mejores amigos de una tarde, una sola tarde en la inmensa vida.

MEXICAN CURIOUS: JUMPING BEANS

En aquel año la Avenida Juárez, que será arrasada por el terremoto de 1985 en la Ciudad de México, aún es el centro del turismo. Abundan las tiendas de *Mexican Curious.* En la Casa Cervantes llaman mi atención de niño no las más bellas artesanías mexicanas, sino las pulgas vestidas y sus bodas con mariachi y cortejo en una cáscara de nuez, los dijes de plata, las miniaturas talladas en hueso y sobre todo los *jumping beans*, los frijoles saltarines.

En un cuenco de cristal brincan y se entremezclan las semillas pintadas de rojo. Por unos cuantos centavos compro diez *jumping beans.* La agitación prosigue en el tranvía y en mi cuarto. Como el globo de gas que si no escapa amanece desinflado, al día siguiente sobrevienen para los frijoles saltarines la inmovilidad, el triunfo de lo inerte, la vuelta al reino vegetal.

Parto de un martillazo un *jumping bean.* La atrocidad se revela ante mis ojos: en cada semilla, en el sarcófago que constituyen sus paredes, se agita un leve gusano en busca de aire, de espacio, de luz y de la salvación imposible.

Colmo de lo absurdo, el insecto nace enterrado en vida. Sólo puede consumir su existencia en la asfixia, la angustia y el sufrimiento infinitos. Su instinto de vivir se manifiesta con tal desesperación que su fuerza hace danzar una jaula hermética, una celda de manicomio, un sarcófago mil veces más pesado que su cuerpo.

La infancia terminó, la vida pasó, se fue la Casa Cervantes, el desastre borró la antigua Avenida Juárez. Nunca he vuelto a comprar frijoles saltarines. Ante ellos sólo caben dos actitudes. La primera, la más cobarde y tranquilizadora, descansa en no indagar jamás acerca de lo que hay en el fondo de las cosas. Si lo hacemos nuestra búsqueda revelará siempre alguna forma de horror.

La segunda actitud invita a pensar sin resignarse en que cuanto nos divierte, nos deleita, nos complace o exalta implica por necesidad un sufrimiento al que, para protegernos, debemos sentirnos siempre ajenos.

Los *jumping beans* son una alegoría insultante de nuestras vidas: estamos encerrados en un cuerpo, un lugar, un tiempo y un sector social que no elegimos. Nos oprime la doble herencia histórica y genética. No podemos ir más allá de los muros que nos confinan entre una fecha de nacimiento y otra de muerte. Hagamos lo que hagamos nunca saldremos de la cárcel que nos ahoga bajo un *yo* inescapable.

Me pregunto quién se divierte con nuestros sobresaltos.

Les digo buenos días a las tinieblas. A lo que ya se va le ruego tomar asiento en los salones más recónditos de la intemperie. Envío pésames a los recién nacidos y felicitaciones a los muertos. Arrojo fuego al agua. Lleno de nieve los campos de sal para que el lodo se abra paso contra nosotros. Escalo en vano el fondo de los mares. Desciendo sin querer a las más altas cumbres.

Doy armas al cordero y ofrezco asado de lobo a mis visitantes. Pugno por abolir la primavera y perpetuar el invierno. Ahuyento la calma y celebro la llegada de la tormenta. Escupo al pan y venero la hambruna. Injurio al colibrí y adulo a hienas y chacales.

Todo me sale al revés a pesar de mis buenas intenciones. La noche que me invade no sabe que es noche. La vida se me acaba sin entender de qué se trata. El mundo insiste en ser como es, no como yo quisiera. El desorden de los factores divide la multiplicación y suma una resta divisoria.

EL ÚNICO TESORO

De niño le dijeron: «Allí donde termina el arco iris hay un tesoro». Desde entonces, cada vez que aparece la ilusión óptica, él busca aquel lugar mágico a sabiendas de que no hallará juntos los siete colores. En vez de cofres, joyas o monedas de oro encuentra mares de plásticos, basura, cascos, latas y, de un tiempo a esta parte, muchos cuerpos decapitados.

No obstante, un arco iris lo lleva a otro. Él sigue buscando aunque sepa que lo aguarda siempre el desengaño. La esperanza, por absurda que sea, triunfa siempre contra la experiencia abrumadora.

Herida de hallar entre papeles destruibles una agenda remota: archivo muerto de los muertos, necrópolis de las ausencias y los afectos perdidos. La deshabitan personas de otras épocas y otros lugares. Unas cuantas siguen aquí a la distancia de algunas calles, un número telefónico o una dirección de Internet —pero en sitios que no volveré a ver, recintos adonde no hay retorno posible.

Entre tanta destrucción queda una parte edificante. En el zafarrancho general de la vida, en la guerra perpetua y la separación interminable, sobreviven, y nada puede ya borrarlos, el segundo de amor, el minuto de acuerdo, el instante de amistad. Basta para vivir agradecidos con esos nombres que no volveremos nunca a pronunciar.

MUSEO DEL NOVELISTA O EL PORVENIR DE OTRA ILUSIÓN

De paso por la ciudad me llevan al museo erigido en su casa a un novelista del lugar. Todo parece tan viejo que nunca llegará a ser antiguo. Muebles metálicos de los 1950, máquina Olympia con cinta negra y roja, pluma fuente Parker 51, momificados cigarros Casinos, cenicero de ónix, miniaturas de la Venus de Milo, el Calendario Azteca y la Torre Eiffel.

Conocí aquellos escritorios, esa máquina de escribir, la cinta bicolor, la pluma «aerodinámica», la vieja marca de cuando se fumaba. Me acerco ya a la otra frontera y hay una parte mía en este cenotafio.

No se venden sus libros porque el museo carece de ejemplares: las novelas que publicó entre 1936 y 1955 no alcanzaron reimpresiones. Se exhiben desencuadernados tomos amarillos y manuscritos en trance de disolución. Atestan las paredes retratos que llamaban «fotos de estudio», instantáneas muertas como los muertos, premios, diplomas, viñetas de artistas ya desconocidos, entrevistas patéticas, reseñas enmarcadas de críticos hoy aún más ignotos que el maestro.

Fuera de su tierra nadie lo recuerda. Historias y antologías no volvieron a ocuparse de él desde 1960 por lo menos. Sí, pero el escritor no se propuso la vida eterna imposible ni pidió que le alzaran un monumento funerario.

Escribió y escribió lo mejor que pudo. No compitió con nadie ni le hizo daño a nadie. Tuvo al menos la dicha de su trabajo. Su única ambición fue terminar algunas páginas que deben de haberle dado placer a muchas personas. Merece la más piadosa forma de respeto: el olvido.

Dejemos que el tiempo consume su aniquilación. En vez de levantar mausoleos inhabitables entreguemos al fuego, al viento y no a la urna las cenizas de lo que fuimos y de lo que hicimos.

Pongo una frase hueca y firmo el libro de visitantes. En unos años más al ver mi nombre en esa página alguien dirá: «¿Quién era?».

NOCHE DEL INSECTO

En la noche del insecto hay un minuto en que se pregunta a qué sabrá sentirse humano. El tema no le interesa demasiado: se considera superior a nosotros. Es inmortal, no piensa en la muerte ni se imagina que ahora mismo voy a aplastarlo.

Ocupa con naturalidad un sector del mundo y una ración de tiempo. No se enreda en consideraciones filosóficas. Su Nada es un abismo del que nunca sabremos. Por eso en cada encuentro nos miramos con total desconfianza y mutua hostilidad.

Tengo miedo.

Arde la noche. El aire húmedo parece hervor de ciénaga. Bajamos del yip para tomar agua mineral en un cobertizo a orillas del camino que se interna en la selva. Sobre el mostrador hay un quinqué. Si nada recordamos de la niñez y sólo podemos inventar lo inmemorable a partir de unas cuantas imágenes, este quinqué engendra ahora su propio teatro de sombras, me lleva hasta un puerto donde hubo una casa que ya no existe.

Se va la luz. La familia enciende otro quinqué. Me intriga pensar en lo que han dicho mis padres: en el petróleo de la lámpara flotan reducidos a esencia bosques y dinosaurios de la prehistoria. Millones de años se han necesitado para humedecer la lengüeta de jerga que convertida en mecha soporta la llama. Una campana de cristal la protege y le permite iluminarnos. En el quinqué se consumen los restos fósiles de una vida improbable. La noche huele a luz carbonizada.

Este humilde fuego resulta el antitelevisor. Prende la imaginación de quienes se reúnen en torno a él como ante la hoguera primitiva: abuelos, padres, hijas, hijos. Sobrevienen relatos de cosas verdaderas y fingidas y, cuando las narraciones han terminado, el ballet de las manos, la pantomima de las siluetas.

La pared se convierte en un zoológico fantasmal, un circo de espectros. Aquí están las fauces del cocodrilo, el loro de perfil, el gato de espaldas, las alas del gavilán, la huida del venado, la tortuga que lleva a cuestas el mundo.

Al volver la electricidad el escenario se apaga. La familia queda en silencio. Sabe que está condenada a la dispersión y es como el humo que el petróleo suelta al inmolarse. Somos apenas sombras que alguien proyecta en un muro invisible.

El quinqué se extinguió hace millones de años. Su luz más submarina permanece. Esta noche su olor ha regresado bajo el violento aroma de la selva. Tal vez nosotros, sus animales y sus árboles también seremos combustible de una futura edad de las tinieblas.

Para otros la madera, el mármol o la arcilla: Monsieur Régret esculpe directamente en lodo. Así está más cerca de la vida y la Tierra, el comienzo y el fin. Trabaja mucho tiempo en cada obra. Cuando la ha concluido el lodo ya está seco y se desmorona.

Monsieur Régret no aspira a la fama ni a la riqueza. Su elección del material abrevia el camino que sigue toda obra de arte. En cuanto el polvo ha regresado al polvo, Monsieur Régret colecta otra vez lodo y se dedica a su nueva escultura.

ODIO

Para ser *Dios* a la palabra *Odio* le falta una letra y le sobra otra. No obstante, ejerce la potestad absoluta sobre nosotros. Hay declaraciones contra todo excepto contra el odio. En los edificios vemos letreros: *No entre, no pase, no se detenga, no pregunte, no hable*. Jamás he visto ninguna que ordene: *No odie*.

El odio como el aire lo llena todo. Su expansión satura de rabia al mundo. Inventamos artefactos que le dan rienda suelta y lo multiplican en infinitas series de venganzas.

O-d-i-o. La *d* son las fauces que devoran al planeta. La *i*, la espada y la flecha que nos aniquilan. La primera *o* es un cero a la izquierda: la inutilidad de querer derrotarlo. La segunda *o* es otro cero y esta vez simboliza la mutua aniquilación a la que el odio nos condena.

La perdiz se perdió en el laberinto de la oreja. Anidó en el cerebro hueco del poderoso. Las nuevas perdices buscan salida. El aleteo provoca tormentas en el cránco desierto de la víctima.

No puede atribuirse a maldad humana la demencia del poder: es responsable la conducta aberrante de algunas aves.

En los Bosques de Viena usted me dio a probar el vino recién nacido y me dijo: «La Ciudad de México también fue parte del imperio habsbúrguico. Por tanto, más que un Schönbrunn o un Belvedere, tendríamos la obligación de regalarle un poco del Danubio. En la cuenca lacustre sólo quedan el lago de Xochimilco y el triste río Magdalena. A fines del XIX un violinista pobre de veintiún años le compuso al Magdalena, quién lo diría, *Sobre las olas*, el mejor vals vienés del mundo. Lo digo como austriaca».

A usted le duele esta ciudad que también ha hecho suya y lamenta ver cómo la hemos destruido y la seguimos arrasando. No entiendo sus razones para amar un sitio desesperante y sin esperanza. O tal vez existe la esperanza porque usted se encuentra aquí una vez más y llena de luz otra estación sombría.

Nací en un lugar que se llamaba como éste y ocupaba su espacio. Ahora también en mi suelo natal soy extranjero en tierra extraña. Ya no conozco a nadie ni reconozco nada. Usted, en cambio, no es extranjera en ningún lado. Usted es de todas partes como la música.

Por favor, no se vaya. No se lleve al partir un fragmento de luz entre el desierto pardo y la barbarie que por codicia y estupidez hemos engendrado.

En otro tiempo le pagaban por actuar. Él era Ulises, Orestes, David, Edipo, Calígula, Pilatos, Hamlet, Segismundo, Raskólnikov, Lincoln, Trotsky, Estragón o Kowalsky. Ahora le dan dinero por verlo vivir. Día y noche se registran hasta sus actos más íntimos, se recogen sus palabras triviales y todo es televisado a todas partes.

Cámaras y micrófonos testimonian qué triste y sórdida es la existencia humana. La única ventaja de su *reality show* es ser de verdad interactivo: a su vez el actor puede mirar a quienes lo enriquecen a cambio de observarlo en el gran circo del mundo como pantalla.

Pronto acabarán con él la insoportable convivencia y el tedio de que nuestras vidas sean en el fondo tan iguales. Todos queremos lo mismo y hacemos cosas terribles para lograrlo.

Si no lo conseguimos (lo más frecuente) la envidia, el odio y la amargura nos devoran. Si por excepción alcanzamos nuestros fines nos espera lo de siempre: el temor a perder el botín, la angustia del animal herido que se hunde en la poza atestada de pirañas.

El actor dice que ahora mismo lo único que anhela es la paz de los sepulcros. Pero la paz no existe en ningún lado y la tumba es uno de los lugares más activos del mundo.

A la corrupción nada le cuesta hacer visible la infinita fealdad que llevamos por dentro, convertirnos al fin en la viva imagen muerta de lo que siempre hemos sido bajo apariencias y disfraces.

Éste es el verdadero *reality show* y nunca nos atreveremos a exhibirlo.

No me explico que en un día gris pueda hacer tanto calor. Es como si el viento y la lluvia se hubieran ido para siempre y un vengativo sol invisible reinara sobre el planeta muerto de sed.

Me dicen en la aldea: «Hay calor amarillo y calor verde. El de ahora es calor rojo. No, el infierno no ha ascendido a la superficie. Es que a causa del progreso la Tierra desciende al orbe subterráneo en donde sólo existe fuego oscuro. Poco a poco bajamos sin darnos cuenta hasta el centro en llamas. Nos fundiremos con la hoguera en que empezó este error ya irreparable».

BOLOTÓ

Bolotó es el terror de las hormigas. Al verlas se apresura a pisotearlas. Sus adversarias son tan pequeñas que la gente sólo nota los saltos, cabeceos y contorsiones de Bolotó. Supone que está danzando para los transeúntes y rara vez pasa de largo sin arrojarle unas monedas. Bolotó es muy afortunado: logró convertir su obsesión en un *modus vivendi.*

Los jóvenes no se acercan a este rincón del parque. No quieren abrumarnos con la fuerza de su presencia ni la presencia de su fuerza. Cada día somos menos quienes, para intentar no ser vistos, nos reunimos aquí en cuanto se disipan las tinieblas y se abren las puertas. Aun en esta minoría que debiera estar unida por la certeza de su derrota hay enfrentamientos y rivalidades. Cada uno tiene su fundamentalismo y considera error y pérdida de tiempo los otros ejercicios.

Entre todos los yoguis y gimnastas prefiero al Corredor. Me gusta verlo alejarse a la escasa velocidad que ahora le dan sus piernas en otro tiempo tan veloces. La huida a toda carrera, él bien lo sabe, no detendrá la vejez que ya nos tiene en sus manos ni la enfermedad ni la muerte. Pero cada paso adelantado y cada metro recorrido se vuelven una victoria provisional contra los enemigos que se disponen a acabar con nosotros.

Como otras noches la esperabas entre los árboles de El Retiro. Después llegarían de nuevo hasta el piso en la calle de Alcalá en donde todo seguía como estaba al empezar 1936.

La última cita no se cumplió. El vigilante del Museo llegó para decirte que era inútil tu afán. La joven te agradecía tu adoración pero ya no iba a materializarse de nuevo, ya no dejaría de ser en un cuadro *La Maja Desnuda* para estar contigo unas horas en la calle de Alcalá. Sin embargo, podrías contemplarla cuantas veces quisieras en la obra de Goya.

Te dolió mucho perderla. Nunca más volverías a tener en tus brazos el cuerpo amado. Plebeya o duquesa, espectro o presencia real, para ti esa muchacha era Madrid y era el mundo todo.

Al regresar a solas encontraste, en vez del piso intacto en la calle de Alcalá, las ruinas de tu tiempo y los desastres de la guerra.

LA DORSA

A la velocidad con que extinguimos las especies pronto la dorsa habrá desaparecido bajo el cambio climático. Esta flor sólo se da en el Valle de México. Se distingue por ser invisible. Crece en los pavimentos y en los muros, en los cables eléctricos y en los desagües. Nadie de fuera puede reconocerla porque no tiene olor. Únicamente los de aquí sabemos hallar dorsas: su aroma a Nada nos acompaña desde la cuna.

Inocentes en el jardín, pensábamos que todo era un juego. A nadie podía dañar lo que nos daba tanto placer. Cómo íbamos a imaginarnos que nuestro goce engendraría tanta descendencia. A su vez gemelos y mellizos se acoplan en cuanto pueden y producen camadas y camadas más y más numerosas.

Del edén sólo quedan ruinas humeantes. En el agua, en el aire y en la tierra los otros animales se han extinguido. Nuestros descendientes viven en guerra perpetua y en coito que no cesa. Su auténtico placer es destruir y matar.

Sin el menor respeto a nuestros millones de años, a ella y a mí nos tienen enjaulados. Nos insultan, nos apedrean, nos escupen. Nos condenan por cuanto ha sucedido. Dicen que somos la maldición de este planeta. Sería mejor que lo poblaran nuestras víctimas indefensas, los humanos, y en modo alguno nosotros, los feroces conejos.

En la ciudad para siempre a medio hacer, para siempre a medio destruir, abundaban en aquel tiempo los terrenos baldíos, reinos del cempasúchil y el pirú, la flor azteca y el árbol quechua, inermes ante la tempestad del progreso. El asfalto y los edificios avanzaban sobre tierras que hasta ayer habían sido campos y haciendas. La estación de las lluvias dejaba pozas habitadas por seres destinados a no alcanzar la edad adulta.

La vibración plural de sus cuerpecillos y la angustia de sus diminutos ojos redondos encarnaban la vida en perpetuo debate con la muerte. Los llamábamos «ajolotes» aunque eran simples renacuajos, larvas de rana. Los confundíamos con el extraño batracio de los lagos del Anáhuac: el *Siredon humboltis* o *Proteus mexicanus* que obsesionó a Julio Cortázar, a Juan José Arreola, a Salvador Elizondo y a Roger Bartra. Un siglo atrás los estudió y dibujó José María Velasco, el gran paisajista del Valle de México.

El axólotl de nuestras aguas casi muertas no sobrepasa el estado larvario. Ni pez ni salamandra, ni sapo ni lagarto, posee rasgos humanoides y es, como nosotros, el habitante quintaesencial de Nepantla, la cuna de Sor Juana, la tierra de en medio, el lugar de nadie, el recinto y la tumba de quienes, a lo largo de todas nuestras metamorfosis, tampoco llegamos de verdad a ser adultos y lo único que sabemos es reproducirnos.

Cuando en la clase elemental de biología nos mostraron por vez primera aquellas imágenes la comparación surgió de inmediato. Se parecen, es cierto, aunque los espermatozoides tienen una cola más esbelta que les sirve de remo y de timón. Su cabecita sin ojos guarda (y no lo sabíamos entonces) toda la información genética que hará de nosotros gran parte de lo que somos y seremos.

Su punta, nos dijo el profesor, se llama acrosoma. Es un ariete, una daga, un barreno en miniatura. Comete una violación infinitesimal, ejerce violencia contra las membranas para forzar su entrada en el óvulo. Entre millones de sus semejantes, añadió, sólo uno triunfa: el más violento, el más violador. Los espermatozoides que fracasan se vuelven menos que nada.

El maestro veía en este proceso aterrador otra maravilla del mundo, una muestra renovada de la inteligencia y la perfección de Dios. «Aquí tienen ustedes una prueba irrefutable de que Nuestro Señor existe y su Creación, a imagen y semejanza Suya, es perfecta. En este diminuto fragmento están todos los reinos de la Tierra.»

Concluía que el objeto de nuestro desdichado paso por la vida era, sí, ganar el Cielo, pero antes producir dentro de la santidad del matrimonio generaciones que alabaran al Creador y en todo momento le dieran las gracias por el privilegio de la existencia como áspero camino a la eternidad.

No piensan en esto las parejas que se unen. Creen que es amor, deseo, pasión. Les dolería verse como ciegos trasmisores de los genes, esclavos del óvulo y el acrosoma.

Entre las multitudes incontables sólo un espermatozoide alcanzará a encajarse en la morada en que espera la milagrosa vida. Bajo la masa de los derrotados acaso se quedarán con su carga genética, jamás lo sabremos, un nuevo Mozart, un segundo Hitler.

«Quién como yo», croa Ibis a medida que se hincha de vanidad. «Soy el mejor poeta de esta charca. Nadie me iguala, nadie me aventaja. Soy el más grande, el único, el supremo.»

El sapo guarda silencio y contempla su efigie en las aguas turbias. Un minuto después vuelve a croar:

«Soy el mejor poeta, soy el más grande.»

«Eras», dice la garza y engulle a Ibis.

«No hay nada perdurable», sentencia impávida la rana. «Lo que asciende desciende. Lo que ha empezado acabará también. La arrogancia encuentra siempre su castigo.»

El coro de la charca entona un breve elogio fúnebre de Ibis —y no vuelve a acordarse del sapoeta.

Durante más de un siglo el casco estuvo allí, árbol derribado que ya no da su luz, muro incapaz de frenar nada. El barco encalló y nadie se ocupó de retirar sus despojos. Fue como si alguien hubiera querido mantenerlo a la vista del puerto para recordar que las navegaciones suelen terminar en naufragios.

El mar primero desmantela y luego coloniza lo que dejamos a las olas. Bancos de peces, comunidades de moluscos, ejércitos de crustáceos, multitudes de algas, generaciones incesantes de microorganismos hicieron su fortaleza, su campo de batalla y su mausoleo en la estructura ya sin forma.

Ante todo el casco inútil fue el imperio del óxido. Los artesanos medievales colocaban su obra maestra, pulida a lo largo de toda su existencia, en el sitio más inaccesible de las catedrales. Si sólo el ojo de Dios podía verla ellos quedan libres de vanidad y ambición de alabanza. Así, el óxido abnegado esculpió el casco y le dio las más hermosas texturas.

Excepto los niños que estaban aprendiendo a nadar y se fijaban como su meta aquellos restos, nadie se acercó a admirar el arte del estrago. Los adultos preferían mantenerse en silencio y a distancia, pensaban que aquel desecho era un llamado a la mala suerte.

Se ignora cómo pudo la nave encallar en esa celda de arena. No es posible que ningún timonel haya conducido el barco hacia esa trampa en las aguas bajas. Tal vez el desastre ocurrió en alta mar y la deriva llevó la embarcación hasta su sepultura al aire libre. Con el tiempo sólo quedó el casco roído por la intemperie y el oleaje.

Un día fuimos a buscarlo y ya no estaba. Hasta los restos de las ruinas se hallan sujetos a la corrosión del tiempo. El casco se había disuelto por fin. Pero cuando el Sol se hunde en el océano un brillo metálico apagado recuerda por un instante el último testimonio de aquel naufragio.

CONCISIÓN

Concisión de la lluvia, soberanía del agua al caer en los árboles. Cuando todo se ha vuelto un poco añil la lluvia obliga al amanecer a prolongar su grisura. Es grato mirar el mundo cubierto por un velo que afirma su continuidad, la perduración de una vida en la que ya no estaremos.

Duelen los pasos por la noche erizada de destrucciones, pero al menos una vez dentro del año debo poner los pies en la propia tierra, ir con riesgo de la vida (que ya está en peligro dondequiera) a los lugares que nadie quiere ver de frente.

Deshecha como por un bombardeo, la zona se envuelve en el estruendo de músicas discordes que se unen para expresar una agresión omnipresente. Puestos desoladores ofrecen cabezas y trozos de animales. Se fríen en aceite de algo, se bañan en salsas misteriosas y se devoran en tacos. La materia repugnante produce por paradoja olores y sabores deliciosos. La Extranjera, que atestiguó el genocidio en Bosnia, dice: «Así huele la carne humana al arder en las grandes pilas de cadáveres».

Mala cara tiene «mi» ciudad a la hora en que la infame noche se convierte en otro día de horror. Ya somos demasiados en todas partes. Aquí parecen concentrarse las multitudes que vienen del campo sin futuro a la ciudad en ruinas. Las niñas esclavas son prostituidas en cada puerta. Los adolescentes venden *globitos,* bolsas de plástico que contienen un gramo de cristal, la droga de los pobres, la más destructiva, la que causa más daños irreparables en el organismo y en el tejido social. Pero es el *pharmacon nepente,* el elíxir de olvido, el único escape provisional del infierno, tentativa de huir que sólo refuerza, ahonda y perpetúa el infierno.

Policías y ladrones, ya indistinguibles, hacen cuentas

sobre el botín de la jornada nocturna. Circulan de mano en mano billetes en que se ha impreso toda la mugre del país y del mundo manchado de sangre y la vida sin esperanza.

Pestilencia del aire envilecido, Cloaca Máxima que ha devorado a México entero, descomposición unánime del planeta. El rencor y el desprecio con que nos miran todos se multiplica en el resentimiento de la masa inorgánica. Cómo nos aborrece desde su acumulación insensata de basura, sus despojos, sus piedras, sus oquedades el cruel México pétreo donde nacimos y moriremos.

Su fealdad externa e interna es el reflejo de la nuestra. Su corrupción es nuestra podredumbre. Su desorden responde a nuestro íntimo caos. Abomino lo que este vil azogue me devuelve. Yo también me parezco a la caricatura insultante grabada en el espejo del odio.

¿QUÉ TE CREES?

En las paredes de mi celda trazo un puente sostenido en seis arcos. Quiero salir de aquí, librarme del cadalso. El puente no se mueve, no se ahonda, no me conduce a la otra orilla. Me observa irónico y me dice: «¿Qué te crees?». Luego se convierte de puente en reja y de reja en muro. Intento otra vía de escape: alas o túneles.

Pero el cabo de lápiz se ha gastado.

Vértigo del hotel que no tiene centro. El edificio hueco atrae el vacío. Desde el enésimo piso domina la sensación de estar en un panóptico espectral. Todos mis ayeres desfilan por corredores ilegibles. Veo siluetas y sombras, jamás caras. No escucho música ni voces, sólo el rumor confuso de una representación que me estará vedada para siempre.

En esta cárcel al vuelo, Babel colgante de la Nada, se vuelve simultánea la multiplicidad de mis pasados. Los personajes cruzan y se van. En la escena involuntaria aceleran el papel protagónico o no que desempeñaron en mi vida.

Al fin la fantasmagoría se desvanece. Entre la vegetación artificial de la planta baja florece el sentimiento irreparable de las *lacrimae rerum*, la tristeza que hay en todas las cosas.

No soy tú, jamás seré tú, no tendré lo que tú. Cometería un error al castigarme por este hecho irreparable y aceptar el tormento de la envidia. No me dejarían en paz su túnica de llamas, sus cilicios y sus púas. Diluvios de palabras emponzoñadas no bastarían para mancharte con la impotencia de mi ira, con mi rabia suicida. Nadie vaciaría jamás el pozo del resentimiento, nunca me libraría del veneno amarillo.

Me niego a alojar la víbora interior que corroe las entrañas, la lombriz solitaria alimentada por la humillación autoimpuesta y el odio admirativo. No acepto ser tu prisionero ni tu víctima. No dejaré que sin proponértelo me tortures a diario.

Aquí mismo declaro mi independencia, afianzo mi libertad. La única manera de impedir que tu victoria consume mi derrota es no envidiarte. No capitularé ante la dictadura de tu sombra.

Entra de noche, se anuda a la ventana, se deja caer y me desafía. Invadirá la casa, la ciudad, el mundo entero. Maleza, pulpo, hidra proliferante, se dispone a asfixiarnos con sus tentáculos.

Cuando la conocí me pareció hermosa, algo verde entre la fealdad hiriente de nuestro páramo. «Es bueno tenerla aquí», dije. «Nos da vida.» Me advirtieron: «Nada de eso. Se trata de una mala hierba. Nunca se sacia, no le bastan la tierra, el agua ni la luz. Devora las paredes, se come los edificios y se nutre de sus habitantes. Es muy hermosa, de acuerdo; pero estamos ante una planta carnívora, un vampiro vegetal. Finge inocencia y calma. Por dentro se consume de odio contra nosotros».

Me puse en su lugar y vi las cosas desde su perspectiva. «La hiedra es más antigua que la especie humana. Estaba en el planeta cuando invadimos sus dominios.» Pese a mi buena voluntad ella no me tiene la menor simpatía. Rechaza mis intentos de congraciarme y ve en mi mansedumbre la prueba de su poder.

No me atrevo a cortarla. La cuido, la riego, le quito el polvo de las hojas a mi alcance. Todo en vano: su furia permanece. «Vete de aquí», me dice. «Tarde o temprano el mundo volverá a ser nuestro reino. Sobrevivimos a muchas especies hostiles. Ustedes no constituyen la primera ni mucho menos la más fuerte. No durarán, eso ya es evidente. No son invulnerables. Por sí mismos no pueden ocupar sino el ínfimo suelo. En cambio las plantas nos elevamos hacia el sol y sabemos adentrarnos bajo la superficie. Qué no darían ustedes por tener la fuerza de nuestras raíces.

»Al adueñarse de todo y convertirlo en dinero frágil que se desmorona y vuelve a ser Nada, parecen no darse cuenta de que les proporcionamos oxígeno. Sin él la Tierra sería Marte, un desierto.

»Así pues, córtame si quieres, destrúyeme si te atreves. Cuando ustedes sean polvo en el polvo, ceniza en la ceniza, las plantas nos extenderemos inmortales y triunfantes para abarcar todo nuestro planeta, ya para siempre libre de plagas como tu especie agonizante.»

Conocí al Rey Sol ya muy apagado, tinto en sangre bajo la lentitud de su crepúsculo. Quién te ha visto y quién te ve, iba a decirle pero cerré la boca. No debía sentir lástima: el Rey Sol tuvo todo, el poder y la gloria, la dicha amarga del triunfo, la alabanza sin tregua de sus aduladores que después, como siempre, lo traicionaron.

Por fortuna el Rey Sol no esperaba ser eterno ni dominar para siempre. Ahora acepta sin lamentarse la decadencia y la caída. Sabe que nadie está exento de las leyes humanas. Al final del camino la Nada nos espera a todos con sus fauces abiertas.

PACTO

Jamás se me hubiera ocurrido unir sus nombres pertenecientes a dos ámbitos incomunicables. Fueron mis amigos hace mucho tiempo en dos épocas, dos lugares, dos mundos aparte. En su momento cada uno me dio afecto y ayuda. No volvimos a vernos pero nunca los olvidó mi gratitud.

Me estremece saber hoy que han muerto frente al mar en un pacto suicida. Todos censuran su adulterio y condenan su egoísmo al no pensar en sus cónyuges ni en sus hijos, dañados para siempre por este acto supremo. No puedo aprobar a los suicidas ni tampoco sumarme a la condena. Mi cobardía provoca la hostilidad de uno y otro bando.

En el mundo del desamor ellos se amaron. Ya no eran jóvenes ni hermosos pero no podían vivir separados. Su decisión nos afrenta porque demuestra la inestabilidad de todo y la naturaleza atroz de la pasión.

Nadie te pide que regreses pero estás aquí siempre. En ocasiones te distraes, no te dejas ver y te damos por muerta, a ti que no morirás nunca. Te oponemos las armas oxidadas de la esperanza, la ilusión de la buena suerte, la fugaz creencia en que nos has perdonado. Más tardamos en distraernos del combate que tú en reaparecer victoriosa.

Nada iguala tu imaginación devoradora, tu genialidad para urdir tramas inesperadas. Estallas en el mar de la tranquilidad y en el abismo de la confianza. Das por tierra con los castillos de naipes edificados bajo la ilusión de que así íbamos a engañarte por un instante.

Invisible, invencible, omnipresente, nunca te jactas de tu continua victoria. A veces se creería que actúas de mala gana, no te gusta tu papel en el desorden del mundo, repudias el monótono juego de gato y de ratón que define nuestro vínculo. Y al menos por un instante, Desdicha, te compadeces de nosotros.

Se trata, dice Alfonso Reyes, de un ritual masoquista inventado por los asirios. Quizá fue la manera de distanciarnos de los hirsutos antepasados. El rostro libre de vello demostraba que ya no éramos antropoides.

Ningún arte llega a aprenderse de verdad. Hasta en la disciplina practicada a diario desde edades tempranas hay siempre fallas, errores, movimientos en falso que se pagan con sangre. Inútiles la experiencia, el aprendizaje, la constancia, la técnica, la atención, el cuidado: como la página perfecta, la absoluta lisura no se alcanza jamás, aunque el cartucho de varias hojas se lleve jirones invisibles de piel y abra heridas microscópicas.

No importa el tiempo invertido. Así como en el texto mil veces revisado saltan los errores cuando ya no hay remedio, al terminar de afeitarse nunca falta un sector impune, una leve maleza irreductible a las navajas.

Quién sabe cuántas horas de mi vida he gastado en esta ocupación sin esperanza. Dentro de poco la barba asomará de nuevo y tendré que reanudar el proceso. Abandonada la tarea interminable, quedan millares de fragmentos. Formaron parte de mí un día y una noche y los arrasé como si fueran una vegetación enemiga.

¿Adónde habrán ido en tantos años los billones de barbas en embrión que he podado o talado ante el espejo? Si la materia nunca se destruye, produce vértigo imaginar el destino de cada una de ellas. Estarán como parte de la Tierra, el mar o el polvo en algún sitio inconocible.

El ritual cotidiano deja una enseñanza: la verdadera recompensa del trabajo es el placer que hay en intentar hacerlo bien, aun a sabiendas de que en poco tiempo nuestro esfuerzo será inútil y habrá que recomenzar a partir de cero.

La última vez no seré yo quien pase metales afilados por mi cara. Nuestras costumbres funerarias exigen que el cadáver se despida del mundo tan pulcro como el día de su boda. La barba se mofa de nuestras pretensiones y sigue oscureciendo el rostro del muerto.

Pasa el día entero sentado a una mesa del bar. Ya casi nadie se le acerca. El dueño lo juzga parte del mobiliario y le regala licor barato y sobras de comida. Cuando la muerte se aproxima el consuelo único es la narración. Vivir para él es sólo recordar su épica de oro.

«Yo fui el campeón y los campeones nunca dejan de serlo. Aquella noche en el cuarto round todos me daban por muerto. Era el viejo de treinta y cuatro años contra el retador de veinte. Sangraba de las cejas y mi mánager iba a tirar la toalla. Pero una vez más salí del pozo en que me habían hundido sus golpes, acorralé al muchacho en una esquina y mi izquierda infalible lo derrumbó como un poste.»

Después habla de los presidentes, los empresarios y los gángsters ya desaparecidos que lo colmaron de beneficios y regalos. Exagera las fortunas derrochadas en estrellas de cine y otras mujeres, «a las que sin el boxeo nunca me hubiera atrevido a mirar de frente».

Termina siempre con el relato del alcoholismo, las parrandas, los daños físicos de su profesión, los divorcios, los falsos amigos que lo ayudaron a consumir los millones de dólares, el descenso a un infierno de miseria y soledad que se ha alargado muchos años.

Si alguien hace un gesto de lástima o intenta darle dinero contesta: «Por favor no me compadezcan. Perdí por decisión mis últimas peleas hasta que ya nadie quiso contratarme. Me llegó el fin como les llega a todos. Y ahora soy un guiñapo, estoy en la calle, me quedé sin nada, sí —pero no me noquearon. Nadie jamás me vio tendido en la lona».

Hay demasiados versos en el mundo. Como el canalla que engendra y abandona, echo a andar otro atajo aunque nadie lo exija ni lo espere. Los veo formarse indefensos y salir en busca de alguien que los resguarde. La inmensa mayoría les da la espalda. Cuando ellos se acercan las personas desvían la mirada y hacen como si los versos no existieran.

En su desamparo los versos se drogan aspirando la Nada y se quedan inertes en la esquina. Algunos se dan valor para entrar en lugares públicos. Tampoco allí los toman en cuenta y el personal los expulsa de mala manera.

Entonces suben a los vagones del Metro e intentan pregonar su mercancía entre la hostilidad, el desprecio o cuando menos la indiferencia de los pasajeros. No les queda más remedio que entrar en las casas cuando nadie los ve y tratar de abrirse camino en los ojos, el oído y la mente de quienes no los han invitado.

Cómo no vivirte agradecido si tú los recoges por un instante y los vuelves parte de tu voz interior, de tu respiración y el rítmico fluir de tu sangre. Al menos por esta noche los versos de la calle, los hijos de la inconsciencia y la intemperie, están a salvo. Mañana quién sabe. Sólo hay algo seguro: dentro de poco ellos también se habrán evaporado. Nuevas legiones atestarán las ciudades.

Lección de una semana en el campo: los animales que nos benefician se resignan a nuestra ingratitud. El caballo, la vaca, el cerdo, el burro, la oveja, el cabrito, el cordero tienen mirada triste y bondadosa. En cambio los ojos del halcón irradian vivacidad, soberbia, alegría, confianza en sí mismo.

El halcón, modelo para la flecha, es la máquina de matar, el avión de combate, el misil tierra-aire. Ave de rapiña contra animal de carne y carga, los otros nos dan todo: el halcón sólo sabe dar muerte. Debe su orgullo al sentirse del lado del poder, entre los vencedores.

Seguro de cómo funciona el mundo y de quiénes ganan las guerras, el halcón me observa, me desprecia y alza el vuelo.

En el imperio brutal de los amores él no fue nunca el conquistador sino el colonizado. Las grandes potencias lo sometieron, le impusieron su lengua y lo marcaron a fuego. Nada lograron las armas de pedernal contra la pólvora y los metales. Todo fue arrasado sin consideración para su ser, su modo de vida, sus creencias y tradiciones.

Los nuevos templos se alzaron sobre los recintos sagrados. Lo esclavizaron y saquearon su naturaleza hasta convertirla en desierto. Tras haberse llevado todo a sus dominios, ahora no lo dejan entrar en busca de unas cuantas migajas de todo aquello que fue suyo.

Aun así, quieren que celebre los aniversarios de su derrota, les alce estatuas en sus calles y las venere y viva agradecido. En el reparto injusto del planeta ellas son las metrópolis imperiales y él sólo otro desdichado tercer mundo.

Desciendo peldaños excavados en tierra, llego al campo de los manantiales y me detengo ante uno en que la cólera del planeta arroja un líquido humeante. Aún no es lava y ya dejó de ser agua. Los arroyos desatados aquí fecundan todo en su carrera hacia el mar. Sólo el nacido de la furia quema la hierba a cada paso.

Más abajo la corriente feroz se une a otra helada que al apagar su hervor la domestica. Vuelve a hundirse en el suelo y, como si sólo pudiera vivir en los extremos, emerge kilómetros adelante transformada en un riachuelo frío. Tal vez anuncia que la Tierra morirá calcinada por los gases de invernadero y luego la cubrirán otra vez los hielos.

Dices: mi cama. Pero no es tuya: es de los ácaros, poderes invisibles que ordenan y dominan. Son los emperadores del silencio. Te tratan como lo que eres: su colonia. Se alimentan de ti y por eso mismo te desprecian.

Desde su pequeñez omnipotente los ácaros nos vejan, nos humillan, hacen de nosotros lo que quieren. Mientras nos afanamos todo el día en labores sin mérito, ellos reposan, juegan y copulan. Cuando la oscuridad desciende los ácaros abandonan libros, alfombras, colchones y almohadas para cebarse en nuestros cuerpos y reducirnos a la condición de perros sarnosos.

Qué vulnerables somos ante esas fuerzas armadas que jamás dan la cara. Son nuestros enemigos de otro mundo.

CUCHILLO DE PALO

En casa del herrero hallé el cuchillo de palo. Quise abolir de un solo tajo las fortalezas y las prisiones del tirano, doblegar a sus huestes, arbolar los desiertos y remar contra la catarata que abismará mi frágil balsa.

Cuchillo de palo, arma que me desarma, escudo que no acierta a defenderme de lanzallamas y cañones, amuleto basado en creencias ya inexistentes. Desde hace mucho perdí la batalla y sin embargo no me rindo.

LA CASA
(Una estación de amor)

Ha desaparecido, ella también, la casa en donde jamás entré y no voy a ver nunca. No fue el escenario del amor sino su epílogo en un otoño a mitad de otra década sombría. Estaban prohibidas las relaciones entre adolescentes aún sin edad formal para ser novios. Sobre ellas pendía el terror de la sexualidad inmencionable.

El deseo era obra de Satanás. Su cumplimiento alcanzaba un precio infernal: un embarazo a los catorce años, un matrimonio urgente en vano disimulo de la ignominia. Para la niña quedaba abolido el casamiento con alguien que iba a comprar tanta belleza a cambio de una gran fortuna y un buen apellido. Para mí, un consultorio o un despacho posibles rodarían sepultados por la necesidad de mantener a la nueva familia con el trabajo de urgencia en una tienda o en un taller mecánico, o bien la venta puerta a puerta de utensilios domésticos.

La moral infundida desde el bautismo se hundiría en el naufragio de las ilusiones familiares. Las esperanzas de la clase media quedarían arrasadas por la intervención diabólica del cuerpo. El cuerpo, la criatura estúpida y bestial a la que, como no cesaban de recordarnos en la escuela y en la iglesia, San Francisco llamó «el hermano asno».

El único recurso fue la clandestinidad a plena luz del día. Gracias a las amigas de la niña era posible vernos unos minutos a la salida de la escuela. A veces lográbamos abrazarnos y besarnos en la calle sin nadie, atrás del paraíso cerrado lleno de árboles y flores. El edén fue abolido: hoy ocupa su lugar un monumento al gran fracaso mexicano.

Nuestro mayor desafío era caminar tomados de la mano por Insurgentes. En ese tramo de la avenida no queda una sola piedra de entonces. Por todas partes hallábamos la mirada condenatoria de los adultos.

Al cumplirse el breve plazo nos despedíamos en la esquina. Jamás sabré cómo era su existencia tras la puerta de su casa. En diciembre sus padres se fueron y se la llevaron nadie sabe adónde. Ni sus amigas ni yo volvimos a tener noticias de ella. La Ciudad de México es el otro Cañón del Sumidero: sus aguas jamás devuelven lo que se precipita en sus abismos.

Me pregunto dónde estará la niña de entonces en este otro planeta de ahora, cómo habrá vivido segundo a segundo las décadas veloces y lentísimas que ancianizaron a los adolescentes de aquel otoño sin memoria.

Esa pareja irreal fue por una estación de amor la más nueva del mundo, la primera del mundo. Inmune a las devastaciones, la casa siguió en pie durante muchos años como prueba de que todo aquello no fue una fantasía. Al ser demolida todo se ha afantasmado. Tanto tiempo después y ya cerca del fin, ahora sí he perdido a la niña para siempre.

Estoy aquí y allá, en México y en el extremo norte del mundo. El río brilla bajo la noche como una luna que se va. Más que fluir parece volar hacia su fin. Me veo en este instante y en aquel momento. Son los días terminales del otro siglo. Las aguas corren así porque tienen prisa de llevárselo entero. Van a anularlo, absorberlo, nulificarlo, entregarlo —uno más— al océano del tiempo: el verdadero Mar de las Tinieblas que no se aparta de la costa y sin embargo no regresa nunca.

La primavera en Maryland hizo pensar a Henry Adams que así debió de haber sido en la Grecia clásica. Al esplendor solar y vegetal, a la gloria de las flores y de las frondas que parecen brotadas de la nieve, contribuyen en gran medida los pájaros. Despierto entre su canto, bajo una sensación de dicha y paz. Su música, sus vuelos y colores disipan por un instante el horror del valle de lágrimas.

Hablo con el ornitólogo y me echa a perder la ilusión. Lo que veo es otro Auschwitz y una escenificación poética de lo que el hiperrealismo de las pantallas arroja como noticias todos los días. El concierto no representa sino la trágica supremacía del más fuerte.

Estas aves, añade, se encuentran aquí porque son las vencedoras en una guerra de exterminio. Han hecho un largo viaje de ida y vuelta a este suelo natal a fin de regir en tiempo cálido los mejores lugares para comer, acoplarse, anidar y reproducirse.

Son tropas de asalto que han desterrado a la mayoría en campos de exterminio en donde no podrán alimentarse lo suficiente para emprender el vuelo de regreso. Se quedarán a morir en el exilio o caerán en la voracidad de las mareas.

Por obra de la ambición humana los lugares de hibernación desaparecen a gran velocidad. Se van estos refugios como se ausentan de la Tierra las abejas y las ranas. Si nada hacemos por frenar tales acciones no tardará en llegar un momento en que no existan primavera ni pájaros.

Mientras tanto los gorjeos que suenan a nuestro oído a manera de notas en un concierto, ante las aves son gritos de guerra que marcan su territorio y reclamos sexuales para atraer a su pareja.

Se desvanece el esplendor de la primavera en Maryland. El ámbito inocente de las aves se revela tan sórdido y violento como el nuestro. El mundo entero queda reducido a la guerra y la cópula.

Hace milagros este amanecer. Inscribe su página de luz en el cuaderno oscuro de la noche. Anula nuestra desesperanza, nos absuelve de nuestra locura, comprueba que el mundo no se disolvió en las tinieblas como hemos temido a partir de aquella tarde en que, desde la caverna de la prehistoria, observamos por vez primera el crepúsculo.

Ayer no resucita. Lo que hay atrás no cuenta. Lo que vivimos ya no está. El amanecer nos entrega la primera hora y el primer ahora de otra vida. Lo único de verdad nuestro es el día que comienza.

ÍNDICE

LA EDAD DE LAS TINIEBLAS [2009]

Elogio del jabón 5
Paraquet 7
Ella 8
Ámbar 9
Algas 10
Austral / Boreal 11
Interrogaciones 12
El sueño del estratega 13
Una tarde 14
Mexican Curious: Jumping Beans 15
Desorden de los factores 17
El único tesoro 18
Despoblación 19
Museo del Novelista o el porvenir de otra ilusión 20
Noche del insecto 22
La edad de las tinieblas: el quinqué 23
Monsieur Régret 25

Odio 26
Cabeza a pájaros 27
A la extranjera 28
Reality Show 29
El color del calor 30
Bolotó 31
El Corredor 32
La calle de Alcalá 33
La dorsa 34
Inocentes en el jardín 35
Acrosoma 36
Ibis 39
El arte del estrago 40
Concisión 42
Otro espejo 43
¿Qué te crees? 45
Babel colgante 46
Para evitar el tormento 47
Nada de eso 48
El Rey Sol 50
Pacto 51
Invencible 52
Un ritual 53
El invicto 55
Los versos de la calle 56
Filozoofía 57
Crónicas de la conquista 58
Tierra quemada 59
Ácaros o la guerra de los mundos 60
Cuchillo de palo 61

La casa (Una estación de amor) 62
El océano del tiempo 64
La primavera en Maryland 65
La plegaria del alba 67